AIR

PROJETS ET EXPÉRIENCES AVEC L'AIR ET LE VOL

Catalogage avant publication de Bibliothèque et Archives Canada

Parker, Steve

Air

(Collection sciences)
Traduction de : The science of air.
Comprend un index.
Pour les jeunes de 8 à 14 ans.

ISBN 978-2-89000-844-1

1. Aérodynamique - Expériences - Ouvrages pour la jeunesse. 2. Air - Ouvrages pour la jeunesse. 3. Atmosphère - Ouvrages pour la jeunesse. I. Titre. II. Collection : Parker, Steve. Collection Sciences.

QA930.P3714 2007 j533'.62 C2006-942263-X

Pour l'aide à la réalisation de son programme éditorial, l'éditeur remercie :
Le gouvernement du Canada par l'entremise du programme d'aide au développement de l'industrie de l'édition (PADIÉ) ; La société de développement des entreprises culturelles (SODEC) ; L'association pour l'exportation du livre canadien (AELC) ; Le gouvernement du Québec - Programme de crédit d'impôt pour l'édition de livres - Gestion SODEC.

Graphiste-illustrateur Rob Shone
Rédacteur Gail Bushnell
Iconographe Gail Bushnell

Traduction Norman Rickert
Révision Jeanlou Mallette-Carrierr, Andrée Laprise
Infographie Chantal Greer

ISBN 978-2-89000-844-1

Origine des photographies :
Abréviations : h-haut de la page, c-centre, b-bas de la page, d-à droite, g-à gauche

Pages 3,4h et b, 16hg, 20hg, 22h, 24c, 28h - Corbis Images.

Nous remercions particulièrement les figurants qui apparaissent sur les photos : Meshach Burton, Sam Heming De-Allie, Annabel Garnham, Andrew Gregson, Hannah Holmes, Molly Rose Ibbett, Margaux Monfared, Max Monfared, Charlotte Moore, Beth Shon, Meg Shon, William Slater, Danielle Smale et Pippa Stannard.

Collection sciences

AIR

PROJETS ET EXPÉRIENCES AVEC L'AIR ET LE VOL

STEVE PARKER

Broquet

97-B, Montée des Bouleaux
Saint-Constant, Qc, J5A 1A9
Tél. : 450 638-3338 Téléc. : 450 638-4338
Internet : www.broquet.qc.ca/Courriel : info@broquet.qc.ca

TABLE DES MATIÈRES

Sans air, la météo n'existerait pas.

On mesure l'air au moyen d'instruments scientifiques.

L'air permet également aux avion de voler afin qu'ils puissent parcourir les quatre coins du globe Qui plus est, l'air emplit nos pneu de voitures et de bicyclettes. Sans air, le voyage serait plutôt cahoteux ; d'ailleurs, sans air, nous serions tous morts.

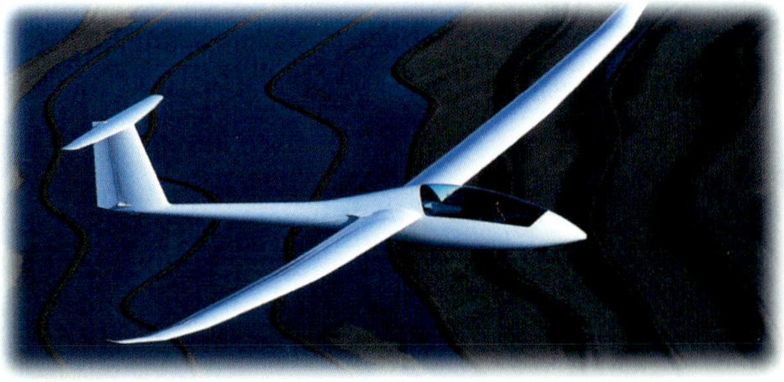

INTRODUCTION

COMMENT ÇA FONCTIONNE

Les tableaux suivants expliquent les concepts scientifiques qui forment la base de chaque projet, ainsi que leur fonctionnement.

Regarde autour de toi. Qu'aperçois-tu ? De l'air : nous avons beau le chercher, et pourtant il est partout ! Il est invisible. Lorsque nous le « voyons », tout ce que nous apercevons, ce sont les particules qui le traversent : poussières ou gouttelettes d'eau. Nous pouvons également constater ses effets lorsqu'il se déplace ou souffle, comme le vent. L'air peut sembler trop léger pour peser quelque chose. Pourtant, nous pouvons évaluer son poids, et celui-ci exerce une pression étonnamment considérable sur nous. Bien sûr, sans air, le vent, les nuages et la météo n'existeraient pas. Il y a même de l'air à l'intérieur de notre corps. Nous devons tous respirer de l'air pur à chaque instant pour rester en vie. Les savants décrivent l'air comme étant un mélange de gaz formant un fluide compressible. Cela dit, ce mélange de gaz peut être fluide ou comprimé. Notre connaissance scientifique de l'air signifie que nous pouvons le déplacer, le pousser, le comprimer, l'étirer, l'altérer, le mesurer et l'employer à diverses fins sur une base quotidienne.

Prépare chaque projet avec soin et suis les instructions. N'oublie pas que les vrais savants pensent à la sécurité en premier lieu.

ESSAIE POUR VOIR

Ces tableaux proposent diverses idées intéressantes à expérimenter afin d'en savoir davantage sur le sujet.

Quand tu vois ces symboles :

- Demande l'aide d'un adulte
- Ce projet doit être effectué à l'extérieur
- Il est possible que des outils coupants soient nécessaires
- Prépare la surface de travail en vue d'un travail salissant

AIR EN MOUVEMENT

L'air à l'intérieur d'une montgolfière est chauffé par brûleur. Cet air chaud est plus léger que l'air environnant plus froid. Par conséquent, la montgolfière s'élève dans les airs.

L'air est rarement immobile. L'atmosphère, cette couche d'air entourant notre planète, est constamment en mouvement. Elle est chauffée par le soleil, une partie devenant plus dense, une autre plus légère. Une « bulle » d'air chaud s'élève au-dessus de l'air froid environnant.

Une partie de l'air froid se répand dans l'espace, créant ainsi des vents qui soufflent sur les quatre coins du globe.

Une brise peut être rafraîchissante, mais un vent trop fort peut causer des dégâts.

PROJET : CONSTRUIRE UNE CHEMINÉE

CHEMINÉE À VENT

IL TE FAUT

- une grosse bouteille en plastique ;
- du carton épais ;
- une feuille d'aluminium ;
- du fil de coton ;
- une paille ;
- une bague ;
- de la colle ;
- un canif.

DÉCOUPE AVEC SOIN LE DESSUS D'UNE GROSSE BOUTEILLE D'EAU GAZEUSE.

DÉCOUPE ENSUITE DEUX FORMES CARRÉES AUX EXTRÉMITÉS OPPOSÉES. DÉCOUPE UN CERCLE DANS LA FEUILLE D'ALUMINIUM ET INSÈRE-LE À L'INTÉRIEUR DE LA BOUTEILLE. DÉCOUPE DEUX QUARTS DE SEGMENTS DE LA FEUILLE. FABRIQUE UNE HÉLICE EN ENROULANT LES PARTIES RESTANTES.

COLLE DEUX LONGUES LANGUETTES DE CARTON AUX EXTRÉMITÉS OPPOSÉES DE LA CHEMINÉE JUSQU'À LA BASE. COLLE LA PAILLE AUX EXTRÉMITÉS DES LANGUETTES.

De haut en bas

En se réchauffant, les particules de l'air, qu'on appelle atomes ou molécules, s'éloignent de plus en plus. Il y en a une moindre quantité à un volume donné ; par conséquent, l'air chaud est plus léger, ou moins dense, et s'élève dans les airs. L'air devient plus froid à mesure que l'on s'élève dans l'atmosphère. Ainsi, l'air se refroidit, devient plus dense et remplit l'espace laissé par l'air chaud. Cela génère un flux continuel appelé circulation atmosphérique.

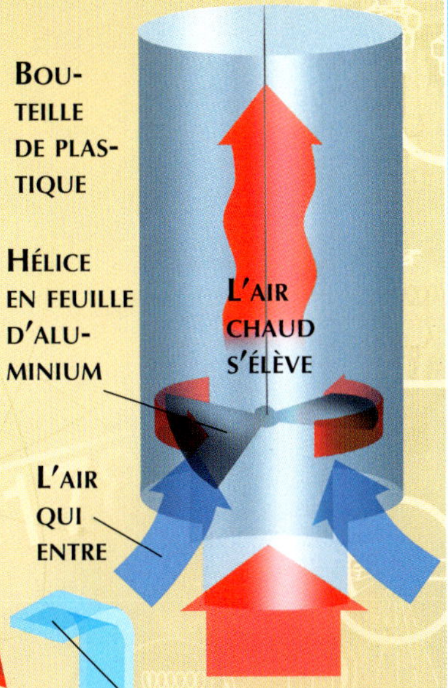

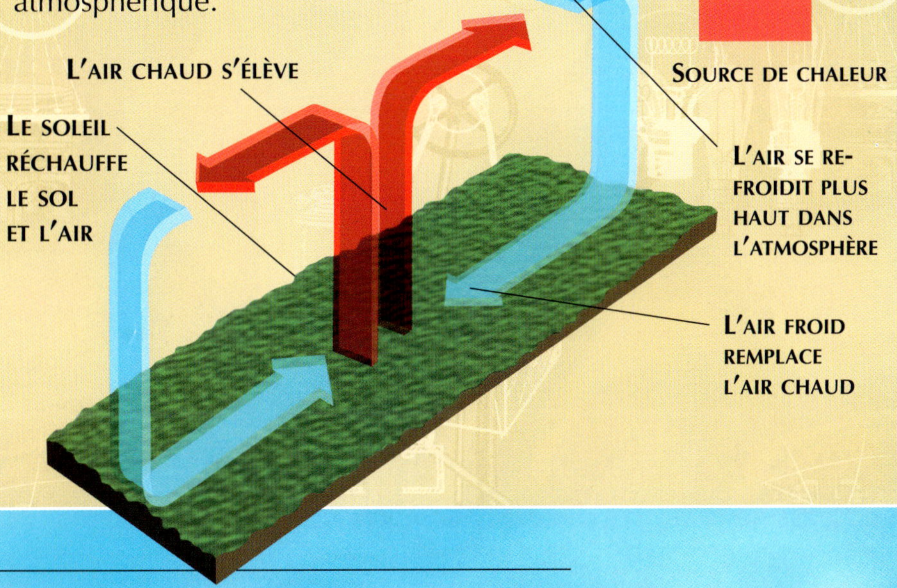

Perce un trou au milieu de la feuille d'aluminium. Attache une extrémité du fil de coton à la bague. Ensuite, passe l'autre extrémité du fil par le trou et attache-le à la paille.

Tour imposante

Ajuste le fil de coton pour que la feuille-hélice se retrouve à la base. Installe la tour près d'une source d'air chaud : radiateur, bouteille d'eau chaude ou fenêtre ensoleillée. L'air chaud s'élève, pousse les hélices (pales) et les fait tourner. Les savants projettent la construction de « vraies » tours solaires dans les sables du désert dans le but de produire de l'électricité. Celles-ci auront une hauteur de plus de 1000 mètres.

Force du vent

À quelle vitesse le vent souffle-t-il aujourd'hui ? Est-ce une brise légère ou un ouragan de force majeure ? Les météorologues doivent déterminer la direction et la vitesse du vent de manière précise. Pour mesurer ces caractéristiques, ils devront utiliser un anémomètre et une girouette.

Le vent fait tourner les coupelles de cet anémomètre portable qui indique la vitesse par affichage numérique.

Projet : fabriquer un instrument pour mesurer la vitesse du vent

Instrument pour mesurer le vent

Il te faut

- du carton rigide ;
- un petit tube en carton ;
- un goujon mince ;
- un goujon épais ;
- du fil ;
- une balle de tennis de table ;
- une punaise ;
- de la colle ;
- des ciseaux.

1. Découpe un quart de cercle de carton et colle le goujon mince à une des bordures droites.

2. Colle le tube en carton à l'autre extrémité du goujon. Fixe le carton au-dessus de l'extrémité du tube dans le coin.

3. Colle un triangle de carton à l'extrémité du goujon. Ceci sera la girouette.

4. Enfonce une punaise à l'extrémité opposée au tube en carton. Fixe un bout de fil à la balle de tennis de table et relie l'autre à la punaise.

5. Inscris des graduations régulièrement espacées autour de la bordure incurvée du carton. Enfonce le goujon épais dans le sol à un endroit particulièrement venteux, puis insère le tube en carton dans le goujon.

6. Observe les mouvements de la balle de tennis de table autour du cadran de l'indicateur de vitesse et l'anémomètre qui pivote aisément sur le goujon.

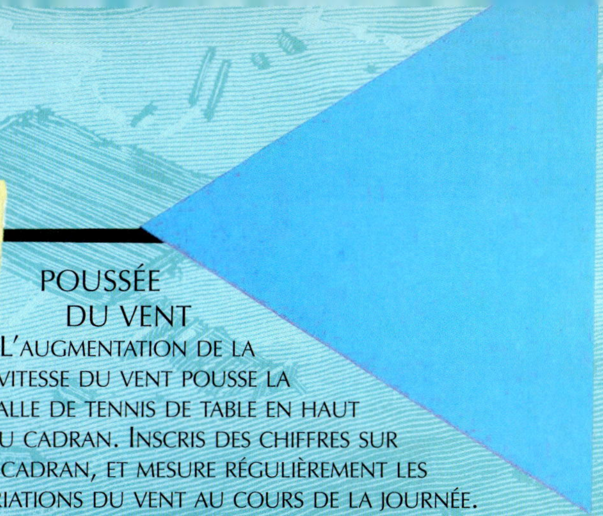

POUSSÉE DU VENT

L'AUGMENTATION DE LA VITESSE DU VENT POUSSE LA BALLE DE TENNIS DE TABLE EN HAUT DU CADRAN. INSCRIS DES CHIFFRES SUR LE CADRAN, ET MESURE RÉGULIÈREMENT LES VARIATIONS DU VENT AU COURS DE LA JOURNÉE. PAR JOUR DE GRAND VENT (VENTS VARIABLES), CALCULE LA VITESSE MOYENNE DU VENT EN PRENANT DES MESURES PENDANT PLUS DE 10 SECONDES, SI POSSIBLE.

AFFRONTER LE VENT

L'air en mouvement pousse la surface large et plate de la girouette et la fait tourner. Celle-ci tourne jusqu'à ce que la force du vent ne la fasse plus bouger – la girouette pointe aussitôt sous le vent. À cette position, la balle de tennis de table de l'anémomètre fait face directement au vent ; par conséquent, la poussée de l'air en mouvement sera à son maximum.

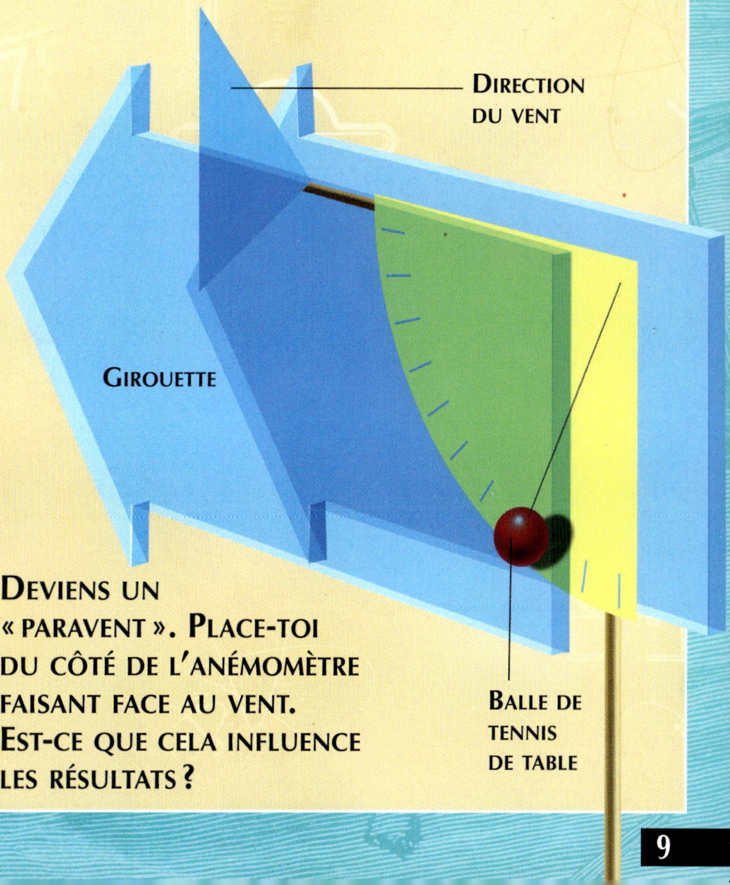

DEVIENS UN « PARAVENT ». PLACE-TOI DU CÔTÉ DE L'ANÉMOMÈTRE FAISANT FACE AU VENT. EST-CE QUE CELA INFLUENCE LES RÉSULTATS ?

Pression atmosphérique

La pression de l'air qui nous entoure s'appelle pression atmosphérique. Celle-ci varie d'un endroit à l'autre. Les variations de la pression atmosphérique sont reliées aux conditions de la météo. Sur les cartes météorologiques, les lignes qui délimitent les zones géographiques d'égales pressions s'appellent isobares.

Toute substance ou matière pèse quelque chose, même l'air. Ce dernier exerce sa pression sur tout, y compris sur notre corps. Mais nous y sommes tellement habitués que nous ne nous en apercevons même pas. On appelle cette force pression atmosphérique.

Comme une pompe qui pousse une plus grande quantité d'air dans un pneu, l'air exerce une pression de plus en plus forte. Puisqu'il contient un surplus d'air, le pneu est également un peu plus lourd.

Projet : fabriquer un instrument pour peser l'air

Instrument pour peser l'air

Il te faut

- du carton rigide ;
- deux gobelets de papier ;
- des ballons de la même taille ;
- des punaises ;
- de la colle ou du ruban adhésif ;
- un canif.

1 Colle une longue bande de carton, servant de chevalet, à une base de carton rectangulaire. Au joint d'assemblage, colle des petits triangles de carton pour maintenir le chevalet debout.

2 Colle une autre bande de carton rigide pour la poutre d'équilibre. Perce avec soin un trou en plein milieu de la poutre.

3 Avec du ruban adhésif, de la colle ou une punaise, fixe un gobelet en papier à chaque extrémité de la poutre. Perce un petit trou à la partie centrale du sommet du chevalet.

4

Insère une longue punaise, un clou ou un autre objet similaire dans les trous du chevalet et de la poutre d'équilibre. La poutre doit pencher sans contrainte. Fixe un ballon à chaque gobelet.

5

Assure-toi que la poutre soit exactement de niveau. Si nécessaire, ajoute des objets tels que des punaises ou des trombones au côté le plus élevé de la poutre.

La balance penche

En stabilisant la poutre d'équilibre, retire un des ballons de son gobelet. Souffle dans le ballon et remets-le soigneusement à sa place. Et le gobelet descend ! Avant, la poutre d'équilibre était exactement de niveau. Maintenant, elle ne l'est plus. La seule différence, c'est qu'un des ballons est rempli d'air.

Surplus d'air

En gonflant un ballon, on pousse une grande quantité d'air dans un espace très restreint. Le surplus d'air qui entre aura une plus forte tendance à s'échapper et à repousser plus intensément avec une plus grande pression les parois intérieures. Il y a une certaine quantité d'air (et de pression) dans l'autre ballon, mais elle est identique à la pression atmosphérique extérieure.

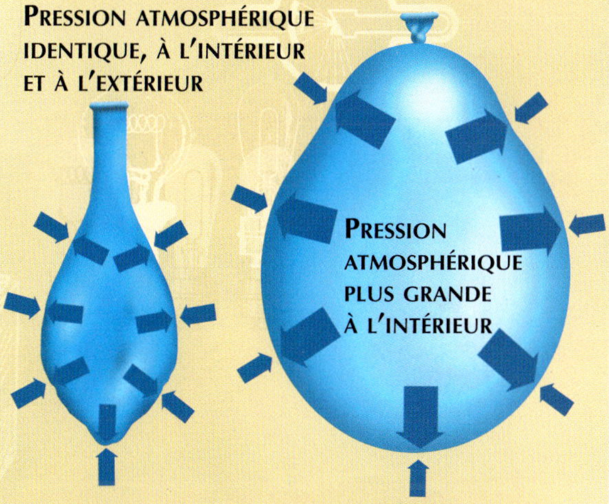

Gonfle l'autre ballon en partie. La poutre d'équilibre penchera-t-elle moins ?

Force de l'air

Sur une table, pose une feuille de papier journal sur une règle, dont l'extrémité de celle-ci dépasse de la table. Frappe vivement son extrémité. Ce qui empêche en grande partie le papier de s'envoler, c'est la pression de l'air.

Fais l'expérience en utilisant des feuilles de grandeurs différentes bien aplanies. Lesquelles bougeront le moins ?

Mesurer la pression

L'air environnant exerce une pression sur nous et sur tous les objets, et cette force s'appelle la pression atmosphérique. Celle-ci varie constamment. Les variations de la pression atmosphérique sont reliées aux conditions météorologiques. Un baromètre mesure les variations de la pression atmosphérique, permettant ainsi de prévoir la météo.

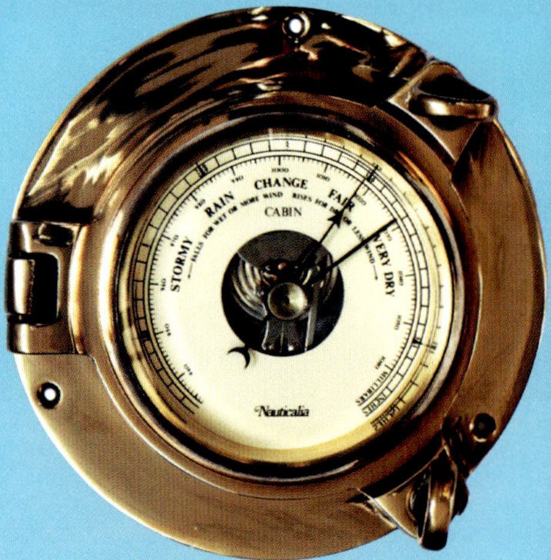

On utilise les baromètres à bord des navires afin de prévoir les tempêtes et les bourrasques de vent.

Projet : fabriquer un baromètre

Baromètre

1

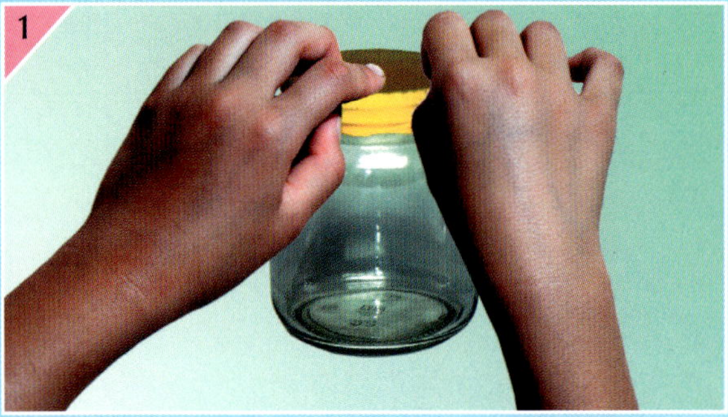

Découpe un morceau de ballon et étire-le au-dessus du bocal. Colle-le fermement aux extrémités.

2

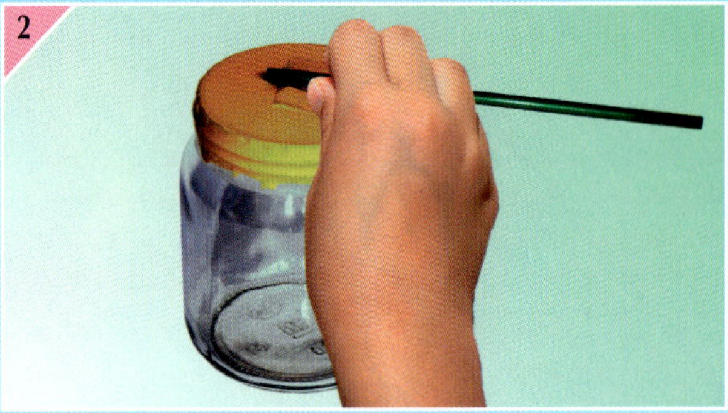

Colle une extrémité de la paille au centre du cercle.

3

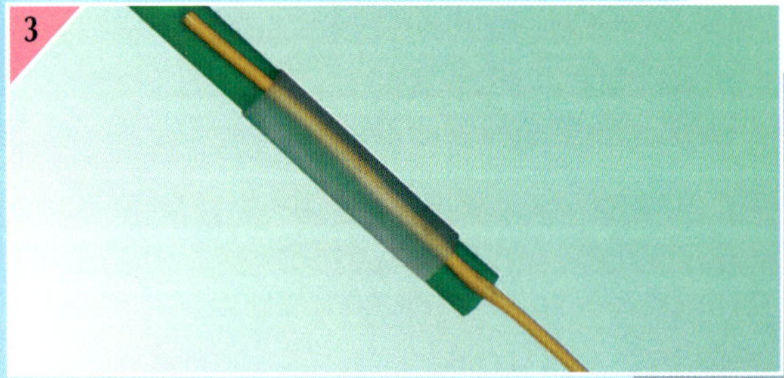

Colle un trombone déplié à l'extrémité libre de la paille. Ensuite, découpe une fente verticale sur un des côtés de la boîte. Taille une fente verticale sur un des côtés de la boîte, et trace des lignes régulièrement espacées perpendiculaires à la fente. Place le bocal de manière à ce que le trombone traverse la fente. Plie l'extrémité du trombone pour former une aiguille au-dessus des lignes.

Il te faut

- **un bocal à confiture ;**
- **un ballon ;**
- **une paille ;**
- **un trombone ;**
- **une boîte en carton ;**
- **du ruban adhésif ;**
- **des ciseaux.**

BON ENDROIT
INSTALLE TON BAROMÈTRE À UN ENDROIT OÙ LA TEMPÉRATURE DEMEURE CONSTANTE, PAR EXEMPLE UNE CAVE OU UN PLACARD.

BASSE ET HAUTE PRESSION

L'augmentation de la pression atmosphérique extérieure comprime l'air dans le bocal en exerçant une pression sur le ballon ; par conséquent, l'aiguille monte. Lorsque la pression atmosphérique diminue, la pression de l'air du contenant, relativement plus élevée, provoque le gonflement du ballon et l'abaissement de l'aiguille. Une pression élevée signifie habituellement un temps calme et dégagé, alors qu'une basse pression signifie généralement un temps nuageux, venteux et pluvieux.

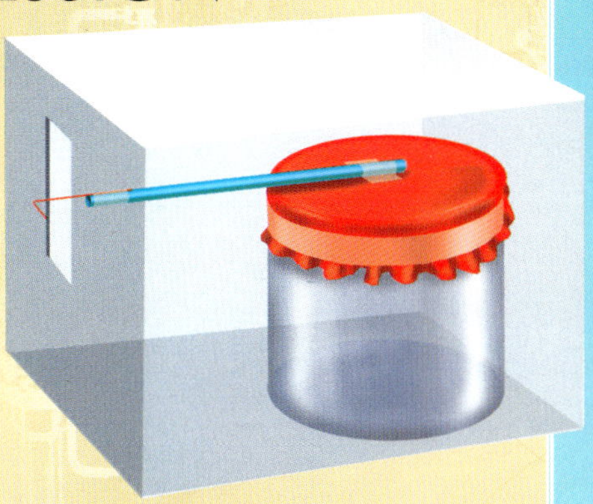

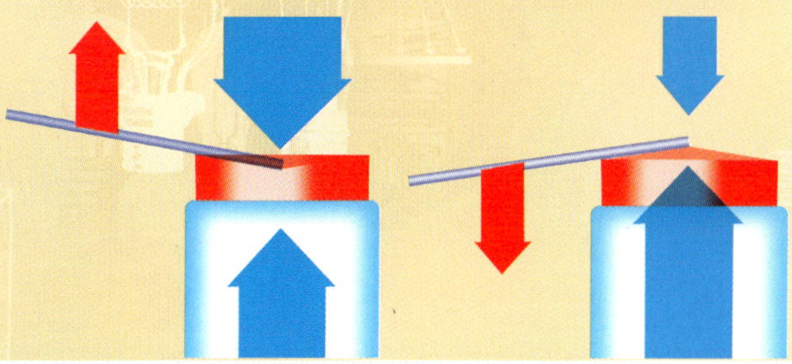

THERMOMÈTRE

En le déplaçant d'un endroit froid à un endroit plus chaud, le baromètre peut servir brièvement de thermomètre. La chaleur dilate ou répand de l'air dans le contenant, ce qui fait que l'aiguille descend. Voilà pourquoi la température du lieu où se trouve le baromètre doit demeurer constante.

Glisser sur l'air

La rotation des pales d'une hélice ou d'un ventilateur aspire de l'air d'un côté et le projette de l'autre. Lorsque le ventilateur s'élève, il évacue l'air vers le bas et génère une force de portance. Par conséquent, l'aéroglisseur emprisonne l'air fortement pressurisé sous le bateau, ce qui le soulève légèrement, lui permettant ainsi de « survoler » la surface sur laquelle il se trouve (eau ou terre).

Pour glisser sur l'eau, un aéroglisseur possède plusieurs ventilateurs de sustentations reliés à sa structure et des hélices séparées.

Projet : fabriquer un aéroglisseur

Aéroglisseur

Avec un crayon, perce un trou sur une petite surface de carton rigide.

Colle le carton en plein milieu du dessous du plat. Enfonce le crayon à travers le trou du carton afin de l'élargir.

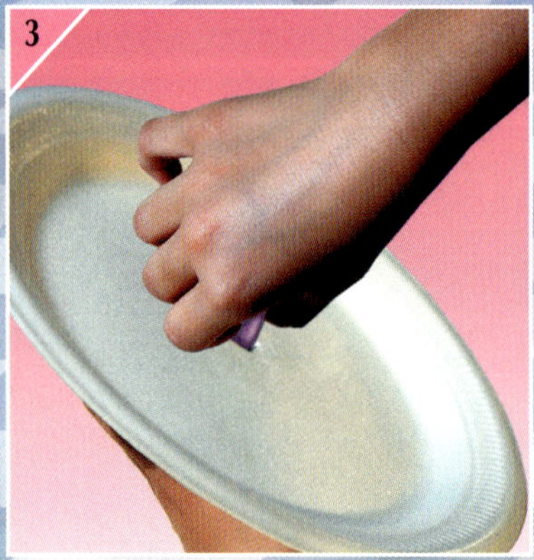

Depuis le dessous du plat, enfonce le col du ballon à travers les deux trous.

Il te faut

- un plat en polystyrène ;
- un ballon ;
- du carton rigide ;
- de la colle ;
- un crayon à mine.

SURVOLER LA SURFACE

SOUFFLE DANS LE BALLON ET BLOQUE L'ORIFICE DU COL ENTRE DEUX RESPIRATIONS. RELÂCHE ENSUITE LE COL, BASCULE LE PLAT ET POSE-LE SUR UNE SURFACE DURE, COMME UNE TABLE. L'AIR DU BALLON GÉNÈRE UNE FORCE PORTANTE QUI SOULÈVE LE PLAT ET LE FAIT GLISSER AU-DESSUS DE LA SURFACE OU LE FAIT LA SURVOLER.

AIR EMPRISONNÉ !

L'air à forte pression qui s'échappe du ballon est comparable à l'air évacué par le ventilateur d'un aéroglisseur. Le fluide remplit l'espace sous le plat et demeure en partie emprisonné par la bordure de l'assiette, semblable à la « jupe » mobile en caoutchouc de l'aéroglisseur. La pression augmente suffisamment sous le bateau pour qu'elle puisse légèrement soulever l'appareil. Une quantité additionnelle d'air s'évacue du ballon pour maintenir le niveau de pression et remplacer l'air qui s'évacue aux extrémités.

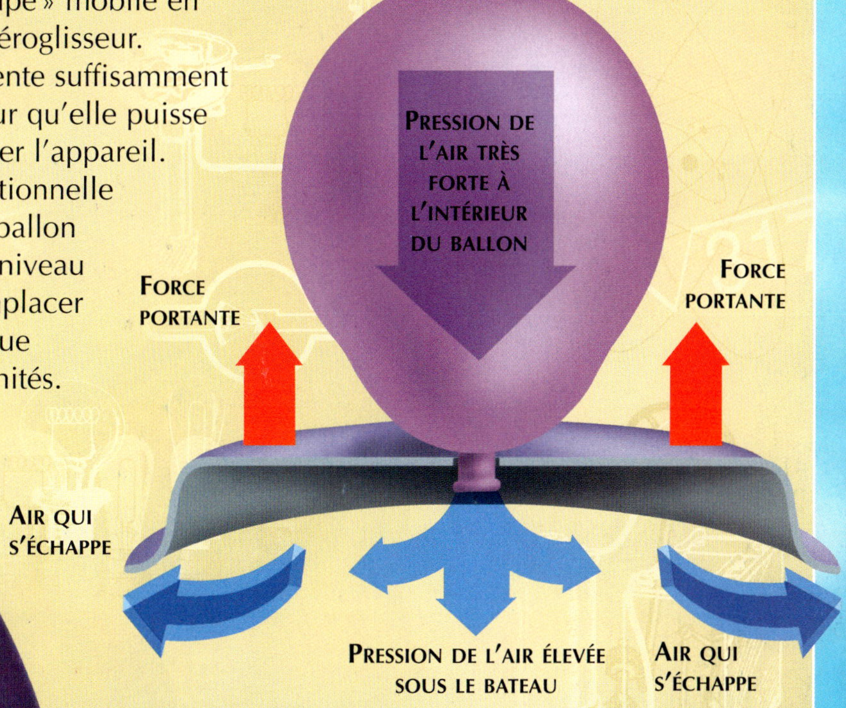

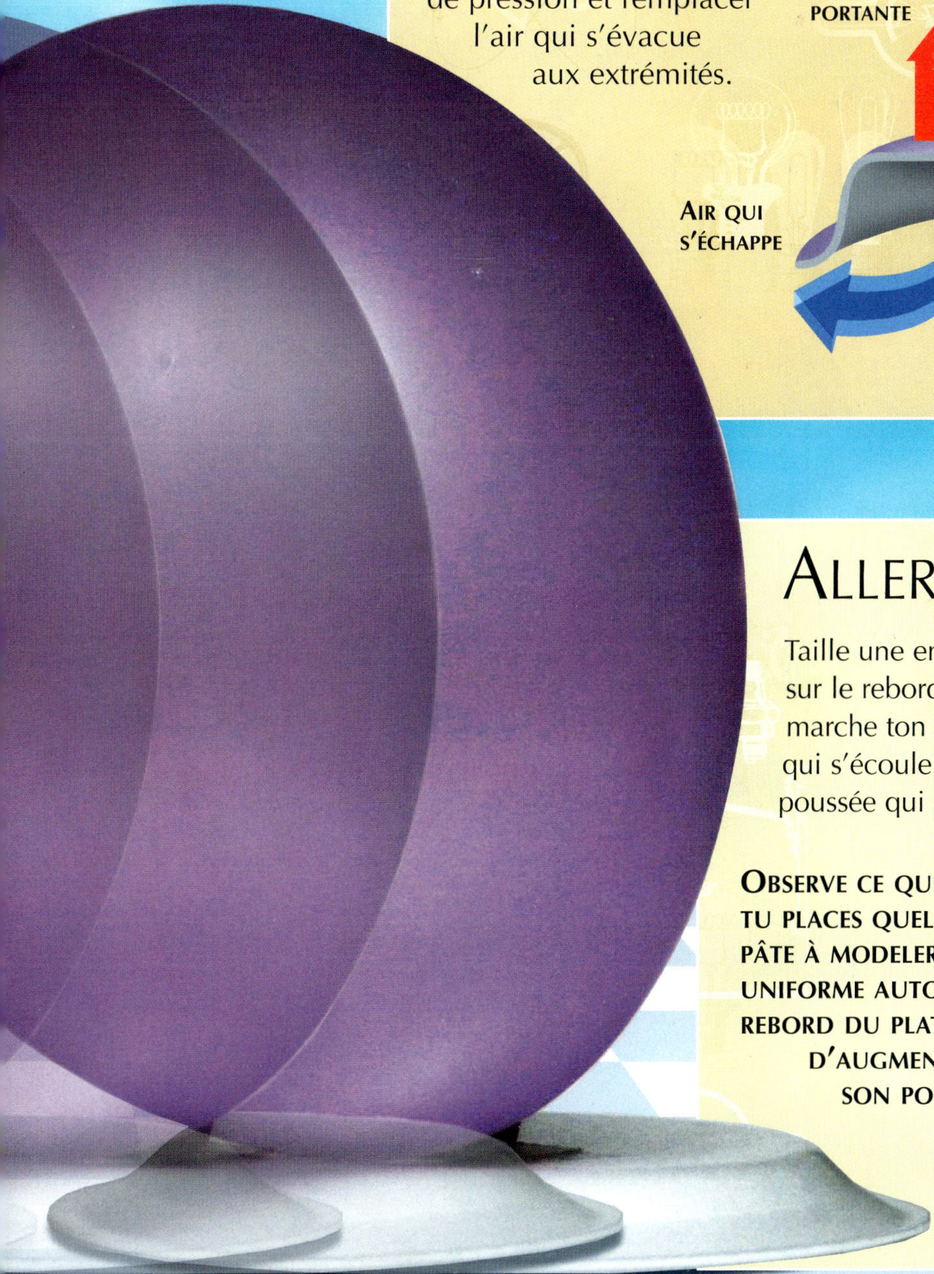

ALLER VERS L'AVANT

Taille une encoche en forme de « V » sur le rebord de l'assiette et remets en marche ton aéroglisseur. Le surplus d'air qui s'écoule de l'encoche génère-t-il une poussée qui peut modifier la direction du vol ?

OBSERVE CE QUI SE PRODUIT LORSQUE TU PLACES QUELQUES MORCEAUX DE PÂTE À MODELER DE MANIÈRE UNIFORME AUTOUR DU REBORD DU PLAT AFIN D'AUGMENTER SON POIDS.

POUSSER DE L'AIR

Les parachutes possèdent une large surface permettant de chasser une grande quantité d'air. Cela indique une forte résistance de l'air, permettant au parachute de descendre lentement.

Lorsque nous marchons, nous repoussons l'air. Nous ne nous en apercevons que rarement mais, en courant très vite, nous renvoyons l'air plus rapidement ; nous ressentons alors une bouffée de vent au visage. Plus un objet est gros et plus celui-ci est rapide, plus la quantité d'air repoussée sera importante. La force qui s'oppose à la direction du vent s'appelle résistance de l'air (traînée) ou résistance aérodynamique.

PROJET : TESTER LA RÉSISTANCE AÉRODYNAMIQUE

CAPTEUR DE MESURE DU VENT

IL TE FAUT

- deux autos miniatures de même taille ;
- un long carton rigide ;
- deux languettes de carton mince ;
- du papier ;
- du ruban adhésif ;
- un ventilateur électrique ;
- des ciseaux.

1 COLLE DEUX RECTANGLES DE PAPIER DE MÊME TAILLE À L'AVANT DE CHAQUE AUTO. SUR UNE DES VOITURES, COURBE LÉGÈREMENT LE PAPIER. SUR L'AUTRE, DONNE-LUI UNE FORME PLATE. COLLE LES EXTRÉMITÉS ARRIÈRE DU PAPIER SUR LES AUTOS.

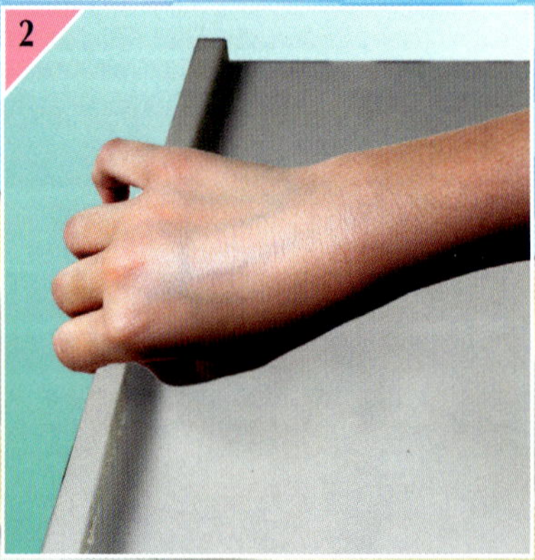

2 COLLE LES LANGUETTES DE CARTON AUX EXTRÉMITÉS DU CARTON RIGIDE AFIN DE SERVIR DE BORDURES DE PISTE DE COURSE. POSE UN LIVRE AU-DESSOUS D'UNE DES EXTRÉMITÉS DE LA « PISTE » AFIN DE CRÉER UNE FAIBLE PENTE. PLACE LE VENTILATEUR AU PIED DU CENTRE DE LA PISTE POUR PRODUIRE DU « VENT ».

UN, DEUX, TROIS, PARTEZ !
RELÂCHE LES VOITURES DU HAUT DE LA PENTE AU MÊME MOMENT. LAQUELLE ROULERA PLUS VITE ? SI ELLES PRENNENT DE LA VITESSE TROP RAPIDEMENT, DIMINUE LA PENTE EN ABAISSANT LA HAUTEUR DE LA PISTE. ÉCHANGE LA BANDE DE PAPIER DE CHAQUE VOITURE ET RÉPÈTE LE TEST.

FORCER LA TRAÎNÉE

Chacune des voitures qui se déplacent exerce une pression opposée à la direction du « vent » généré par le ventilateur. L'air circule aisément au-dessus de l'auto qui possède la bande de papier incurvée. Par contre, le vent circule plus difficilement sur celle à la forme plate et génère une résistance aérodynamique plus grande. Par conséquent, la deuxième voiture roulera plus lentement. Ce freinage provoqué par la résistance de l'air ou du vent s'appelle traînée. Une surface courbe graduellement élargie qui produit une traînée minimale s'appelle forme aérodynamique.

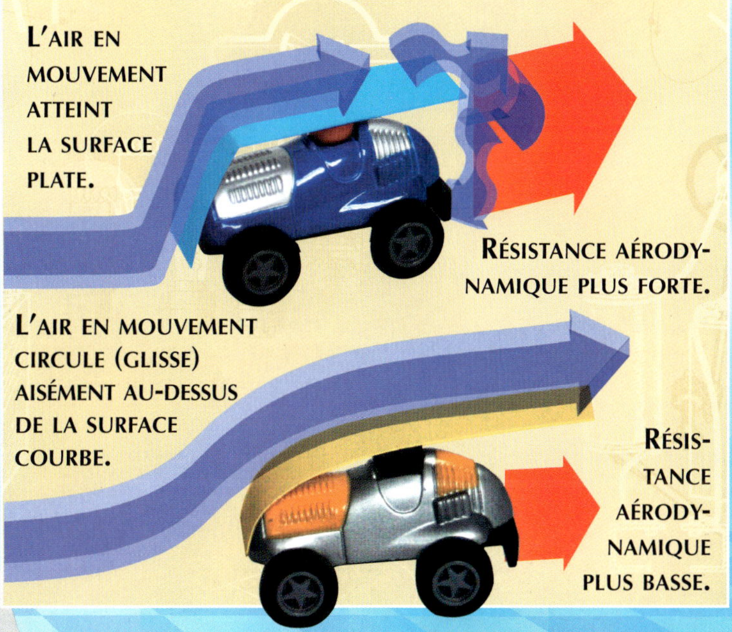

FORMES EN « V »

Refais l'expérience en testant sur les deux voitures diverses formes aérodynamiques : formes en « V » et pointes avant.

OBSERVE LES BOLIDES DE COURSES, LES BATEAUX ET LES AVIONS ET CONSTATE COMMENT LE FUSELAGE, OU LA STRUCTURE PHYSIQUE, EST SPÉCIALEMENT CONÇU POUR RÉDUIRE LA RÉSISTANCE DE L'AIR, OU TRAÎNÉE.

ÉCOULEMENT DE L'AIR

Les concepteurs qui désirent tester les maquettes des nouvelles voitures, de nouveaux ponts, avions et gratte-ciel ont souvent recours au tunnel aérodynamique : il s'agit de diriger une masse d'air à une grande vitesse sur un objet et de tester le flux aérodynamique qui prend la forme de rubans, de fumée ou de jets. Cela permet aux concepteurs de construire des voitures plus rapides qui consomment moins d'essence et des carrosseries plus sûres.

On peut constater le degré de résistance aérodynamique, ou traînée, en observant la circulation d'air au-dessus d'une voiture Plus la traînée est faible, moins la voiture consomme de l'essence.

PROJET : FABRIQUER UN TUNNEL AÉODYNAMIQUE

TUNNEL AÉRODYNAMQUE

IL TE FAUT

- **un couvercle de boîte en carton ;**
- **deux triangles en carton rigide ;**
- **quatre trombones ;**
- **du ruban ou un mouchoir en papier ;**
- **du fil mince ;**
- **de la colle ;**
- **des ciseaux ;**
- **un ventilateur électrique ;**
- **un tube en carton.**

1 DÉCOUPE UNE FORME RECTANGULAIRE TOUT AUTOUR DU COUVERCLE DE LA BOÎTE POUR CRÉER UN CADRE RIGIDE.

2 COLLE DEUX LARGES TRIANGLES EN CARTON AUX BASES DU CADRE POUR CRÉER UNE BASE SOLIDE.

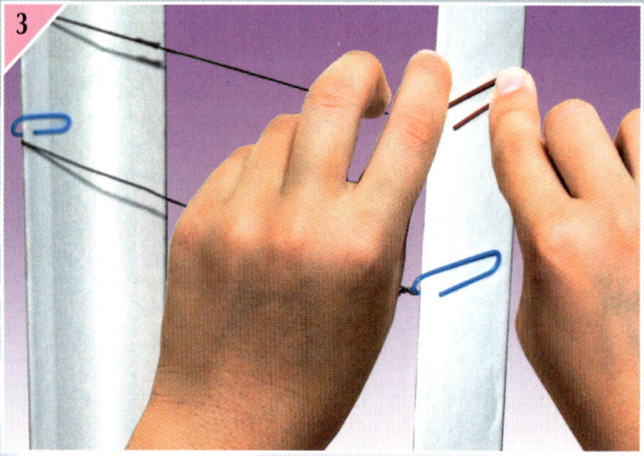

3 ATTACHE LES TROMBONES AUX EXTRÉMITÉS DU CADRE. RELIE LES DEUX TROMBONES EN Y ATTACHANT UN MINCE FIL SUFFISAMMENT SERRÉ.

4 ENROULE UNE EXTRÉMITÉ D'UN RUBAN AU MILIEU DE CHAQUE FIL ET FIXE-LA AVEC DE LA COLLE OU DU RUBAN ADHÉSIF.

Direction du flux d'air

Le vent produit par le ventilateur va dépasser la maquette d'essai et changer de direction. Il fait flotter les rubans et les bandes du mouchoir en papier. Si les rubans flottent aisément, cela signifie que la circulation d'air est constante. Des rubans qui s'agitent beaucoup signifient que la circulation d'air est plutôt irrégulière. Souvent, une fois qu'il a dépassé la maquette, l'air crée un tourbillon dans un espace, qu'on appelle également vortex. Pour un véhicule rapide, comme un bolide de course, cela va produire une traînée et ralentir la voiture.

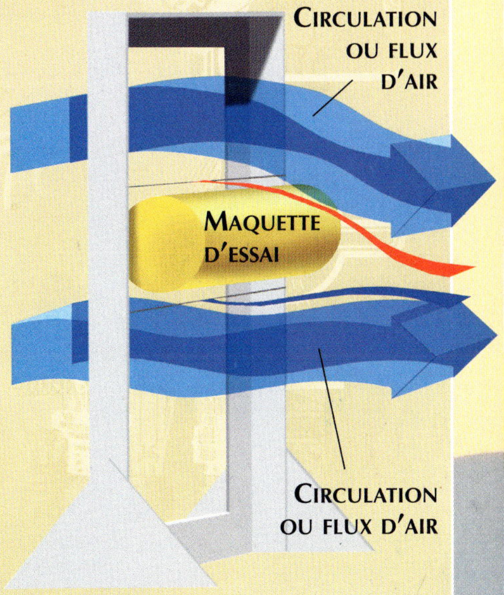

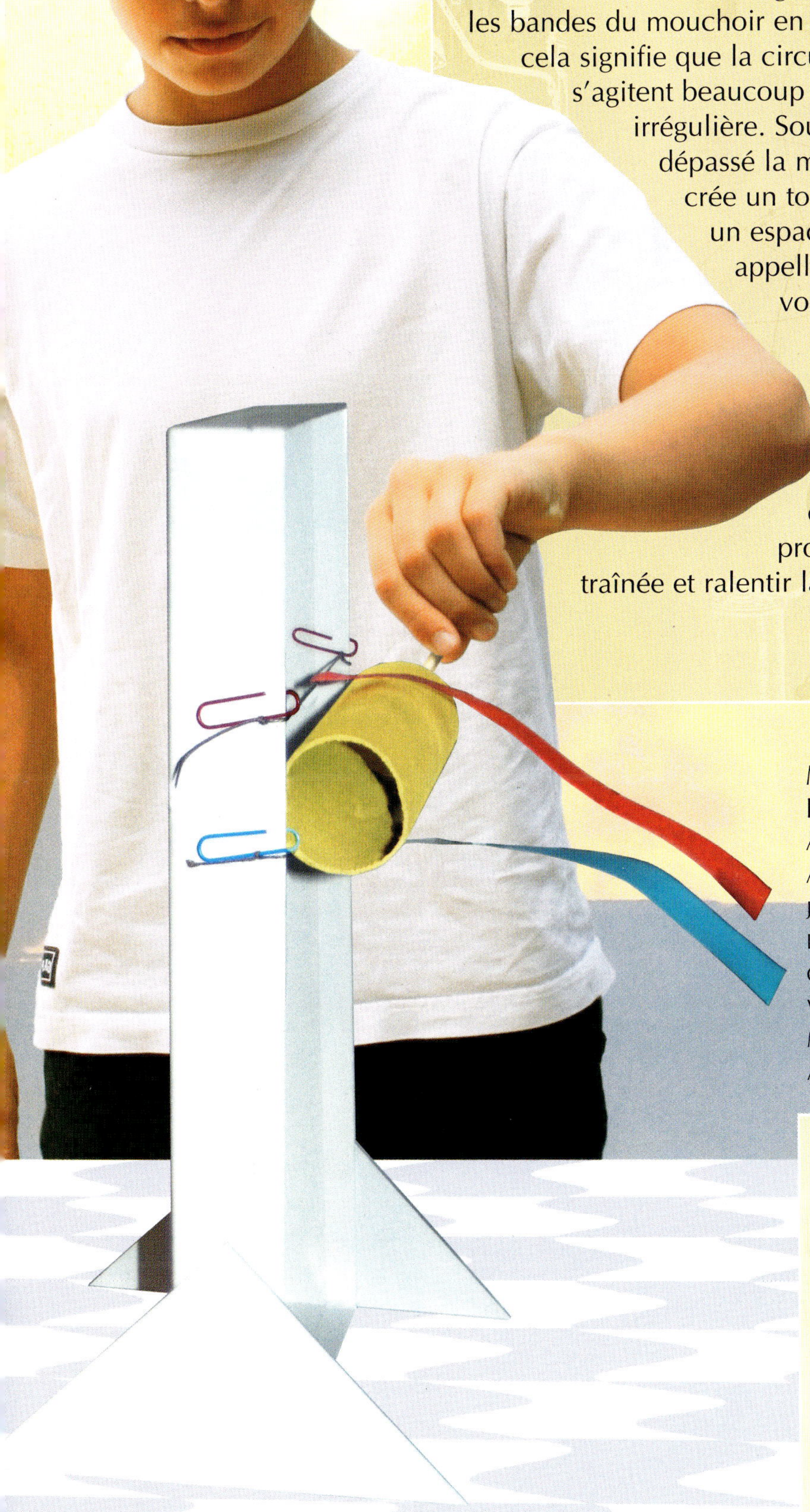

Minutage de l'essai

Fixe la maquette d'essai (tube en carton) à un crayon et tiens-la entre les extrémités au milieu du cadre. Déplace les trombones jusqu'à ce que la maquette se trouve entre les deux rubans. Place le ventilateur de côté et oriente-le pour qu'il envoie l'air vers le milieu de la maquette. Mets-le en marche, et observe les rubans qui flottent au vent.

Formes diverses

Teste plusieurs maquettes de formes diverses : longue boîte, long triangle. Quelle forme aura la circulation d'air la plus fluide ?

Refais l'expérience avec le modèle d'aile illustré à la page 22. Est-ce que le ruban au-dessus s'agite plus rapidement que celui au-dessous ?

Exploiter le vent

Les languettes rigides, ou lattes, permettent à la planche à voile de virer, comme le permet l'aile d'un avion (voir ci-contre).

Tout corps ou objet en mouvement possède une énergie qu'on appelle énergie cinétique. Le vent, c'est de l'air en mouvement. On peut canaliser l'énergie du vent pour l'exploiter à diverses fins : voiliers, bateaux et planches à voile, moulins à vent qui peuvent actionner des machines ainsi que les éoliennes qui peuvent produire de l'électricité.

Projet : construire un voilier sur roues

Voilier sur roues

Il te faut

- du carton rigide ;
- des pailles ;
- des bobines de fil ;
- du papier ;
- un bouchon de bouteille ;
- des trombones ;
- des attaches parisiennes ;
- du fil de coton ;
- une punaise ;
- du ruban adhésif ;
- de la colle ;
- de la pâte à modeler ;
- des ciseaux ;
- un canif ;
- un ventilateur électrique.

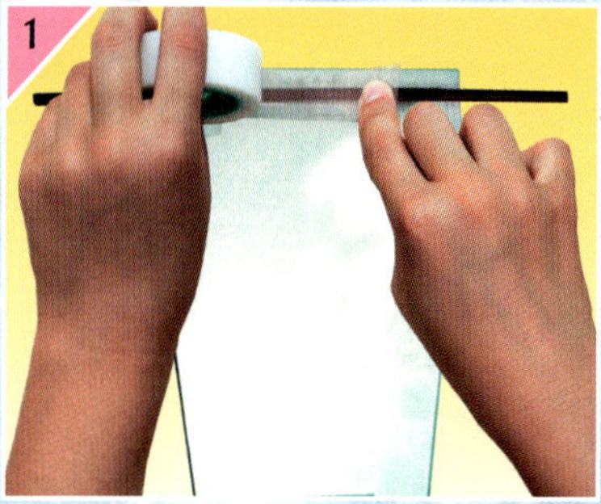

1 Découpe une base de voilier dans le carton rigide. Fixe une paille au-dessous arrière de la base pour former l'essieu arrière.

2 Déplie un trombone et plie-le au milieu, puis façonne les extrémités pour lui donner la forme d'un « T ». Colle-le à la paille pour former le tangon, ou la bôme.

3 Fixe avec du ruban adhésif les extrémités du trombone vers une des extrémités d'une autre paille, cette dernière servant de mât.

4 Perce un petit trou au milieu de la base du voilier, puis insère la partie inférieure du mât. Attache celui-ci au-dessous avec un autre trombone en forme de « T ».

5 Découpe un triangle de papier pour former la voile. Colle une des extrémités parallèlement au mât.

6 Fixe avec de la colle ou du ruban adhésif le coin inférieur de la voile à l'extrémité du tangon. Courbe légèrement la voile.

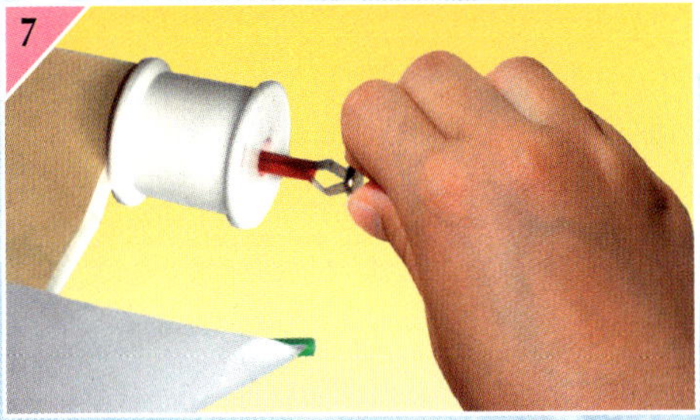

Insère une bobine de fil à chaque extrémité de l'essieu arrière. Attache les bobines avec une attache parisienne.

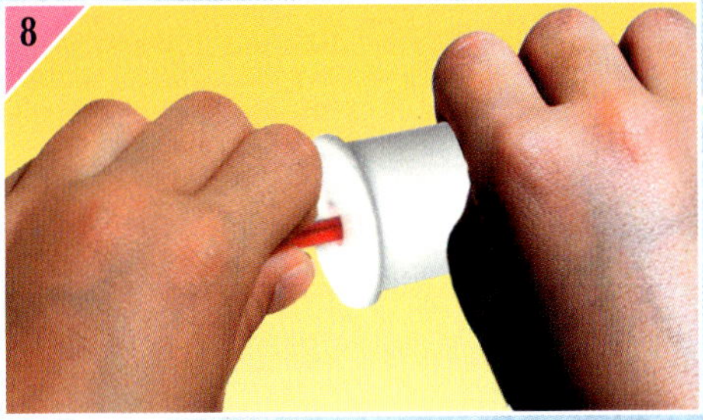

Enfonce une paille plus petite dans le trou de la bobine pour former l'essieu avant. Relie les extrémités de la paille sous les fourchettes avant de la base. Colle un bouchon de bouteille à l'arrière de la base. Relie avec un fil de coton la punaise de l'arrière de la base à l'extrémité du tangon.

Voilier sur roues

Le « vent » provenant du ventilateur pousse la surface de la voile. La poussée fait en sorte que le voilier va dans la même direction que le vent. Par contre, le voilier sur roues aura de la difficulté à se pencher dans la direction du vent à cause de ses roues. Il peut toutefois utiliser une partie de la poussée pour se déplacer vers l'avant. Refais l'expérience en variant la direction du vent et la longueur du fil de coton attaché au tangon.

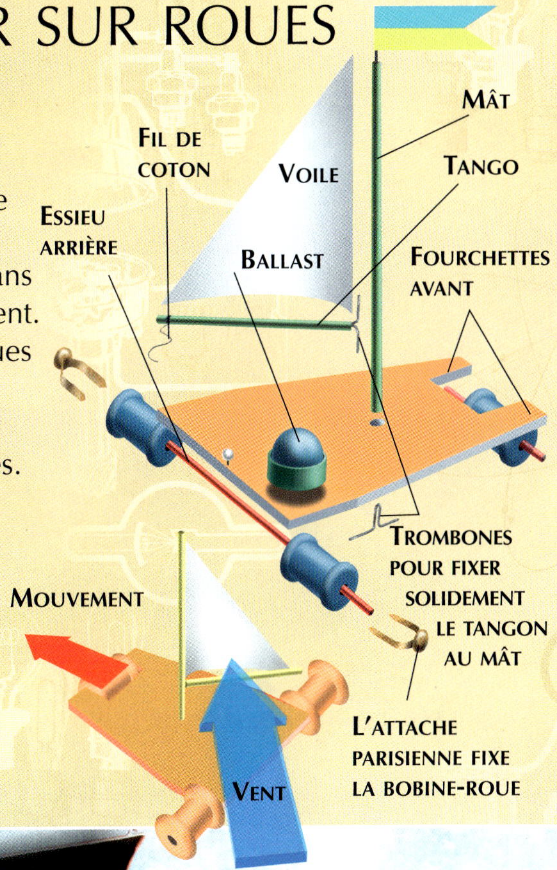

Autant en emporte le vent

Insère une boule de pâte à modeler dans le bouchon de bouteille qui servira de masse de lestage et empêchera le voilier sur roues de chavirer ! Place le voilier sur une surface très lisse et oriente le ventilateur pour le déplacer.

Aller contre le vent

La courbe de la voile fonctionne de la même manière qu'une aile d'avion (voir page suivante). Le vent qui traverse la voile crée une pression atmosphérique plus faible devant la voile et « aspire » dans cette direction. Une partie de cette énergie fait pencher le voilier, même au vent : les matelots appellent cette force louvoyage (virement de bord).

Expérimente le virement de bord face au vent.

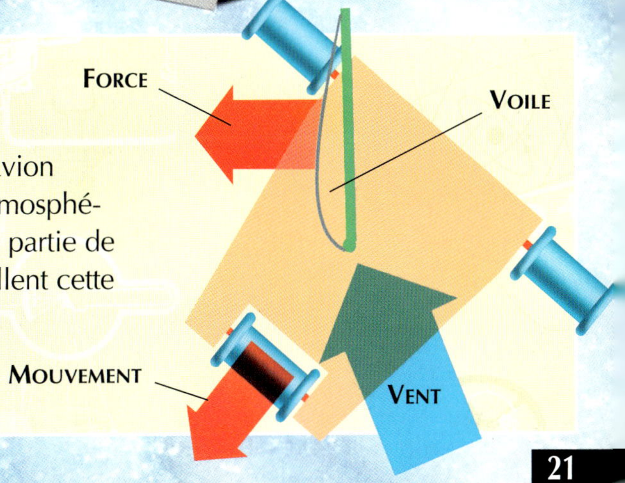

Voler dans le ciel

Les pélicans peuvent longtemps planer dans les airs sans battre des ailes grâce à la courbure de leurs ailes.

Il est tout à fait naturel pour les oiseaux, les abeilles, les chauves-souris et certaines personnes de voler dans les airs. Bien sûr, nous, les humains, devons compter sur les avions. Cependant, le fonctionnement d'une aile d'avion est semblable à celui d'une aile d'oiseau. Le secret réside dans la manière dont l'air circule au-dessus de la courbure des ailes, qu'on appelle surface portante, afin de créer une force ascendante, ou portance.

À la fin des années 1870, l'inventeur Otto Lilienthal fut le premier à concevoir et à voler à bord d'un planeur aux ailes cambrées à surface portante.

Projet : construire un planeur miniature

Planeur

Il te faut

- du carton mince ;
- des pailles ;
- de la pâte à modeler ;
- de la colle ;
- du ruban adhésif ;
- des ciseaux.

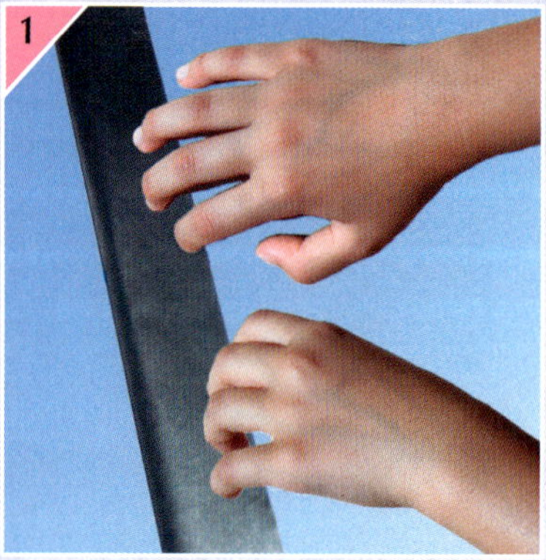

Plie un long carton rectangulaire sur la longueur pour former l'aile. Insère une paille en la collant dans le pli. En gardant la face inférieure plate, repousse la face supérieure du carton pour former une légère bosse. Colle les extrémités.

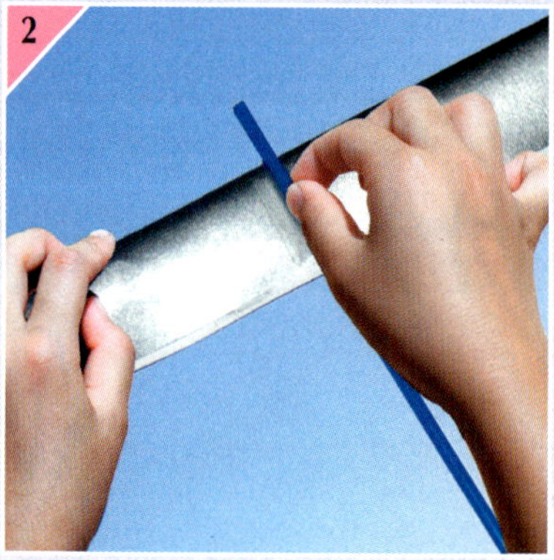

Colle une autre paille perpendiculairement à l'aile. Place-la sur le dessous plat, au milieu de l'aile. Assure-toi qu'une des extrémités de la paille dépasse légèrement de l'aile, formant ainsi un petit « nez ».

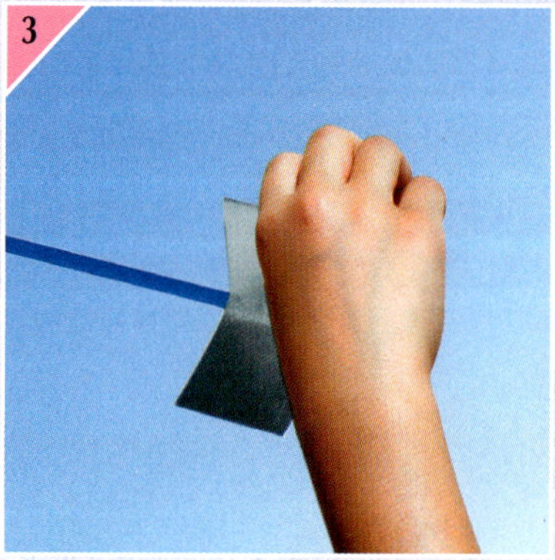

Plie en deux une plus petite languette de carton, puis plie à nouveau chacune des moitiés pour former un « W ». Relie les deux segments du milieu pour former une pointe en « T » (queue) et les ailes arrière.

MONTÉE

L'air au-dessus de la partie supérieure de la surface de l'aile doit se déplacer à une plus grande distance que sous la surface inférieure. Par conséquent, l'air au-dessus se déplace plus rapidement et génère une pression plus faible. La pression de l'air relativement plus forte sous l'aile, qui pousse le planeur vers le haut, s'appelle portance. Cette force permet au planeur de voler plus longtemps dans les airs.

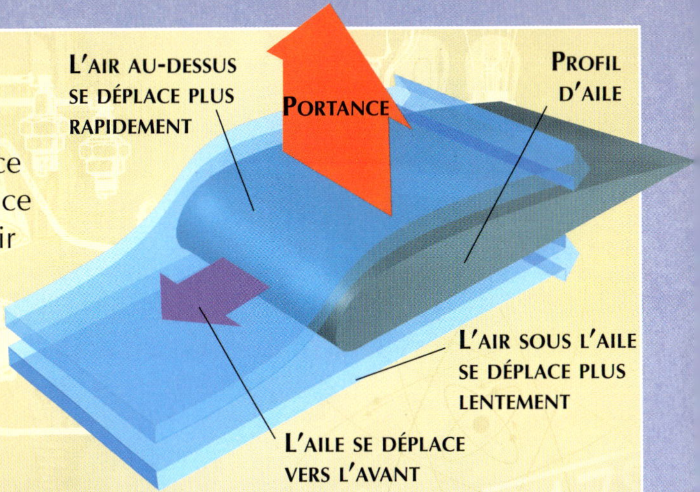

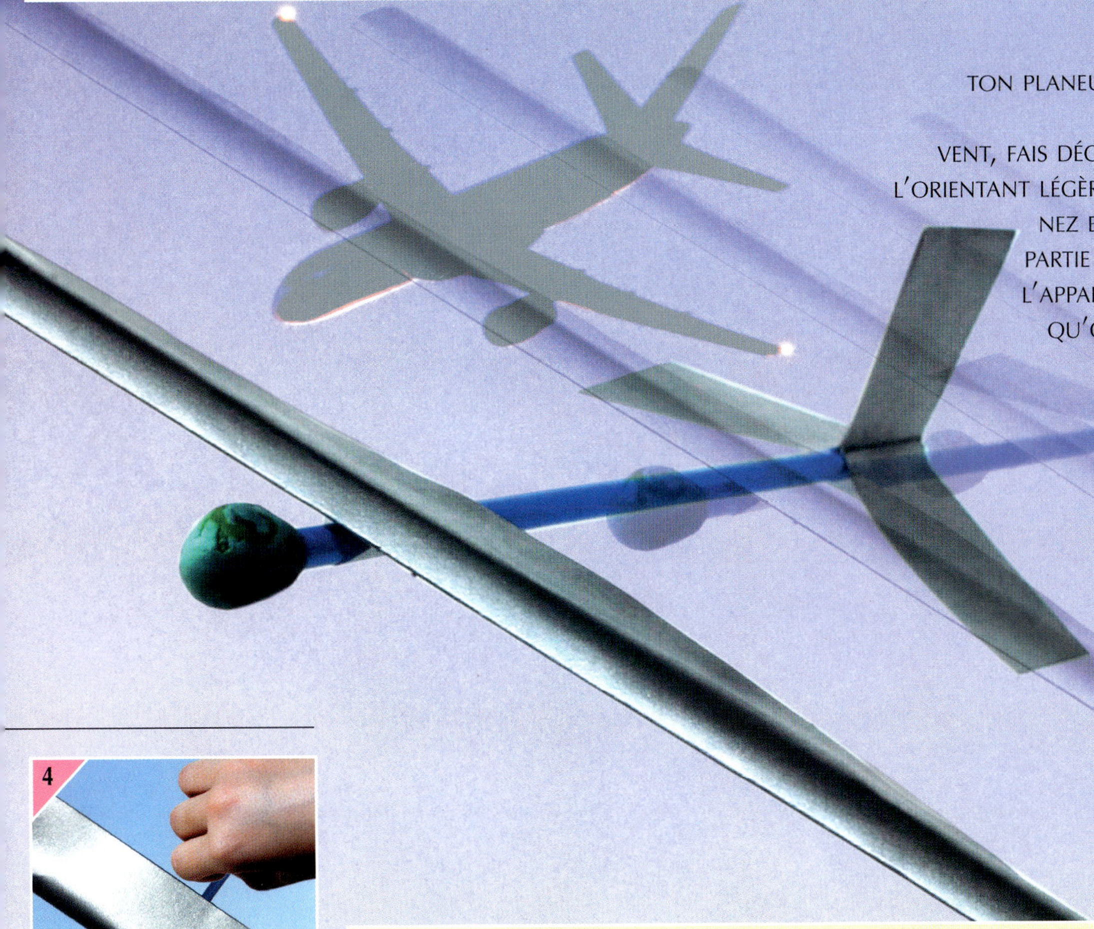

VOLS D'ESSAI

TON PLANEUR FONCTIONNE COMME UN AVION SANS MOTEUR. PAR JOURNÉE SANS VENT, FAIS DÉCOLLER LE PLANEUR DOUCEMENT EN L'ORIENTANT LÉGÈREMENT VERS LE BAS. S'IL PIQUE DU NEZ ET PLONGE VERS LE SOL, RETIRE UNE PARTIE DU CONTREPOIDS. PAR CONTRE, SI L'APPAREIL MONTE PUIS PIQUE DU NEZ, CE QU'ON APPELLE DÉCROCHAGE, RAJOUTE UNE MASSE SUPPLÉMENTAIRE AU CONTREPOIDS. AJUSTE LE CONTREPOIDS JUSQU'À CE QUE LE PLANEUR PUISSE VOLER SANS CONTRAINTE ET SUIVRE UNE TRAJECTOIRE À FAIBLE INCLINAISON VERS LE BAS.

COLLE LA POINTE EN « T » À L'EXTRÉMITÉ ARRIÈRE DE LA PAILLE. FIXE UN MORCEAU DE PÂTE À MODELER À L'EXTRÉMITÉ AVANT (LE NEZ), CELUI-CI SERVANT DE CONTREPOIDS, ET PRÉPARE-TOI AU DÉCOLLAGE !

ENVERGURES ET FORMES D'AILES

Expérimente le vol de ton planeur avec des ailes de longueurs (envergures) et de distances différentes de l'avant vers l'arrière (corde). Peux-tu comprendre pourquoi les vrais planeurs possèdent des ailes longues et étroites ? (Voir la page suivante.)

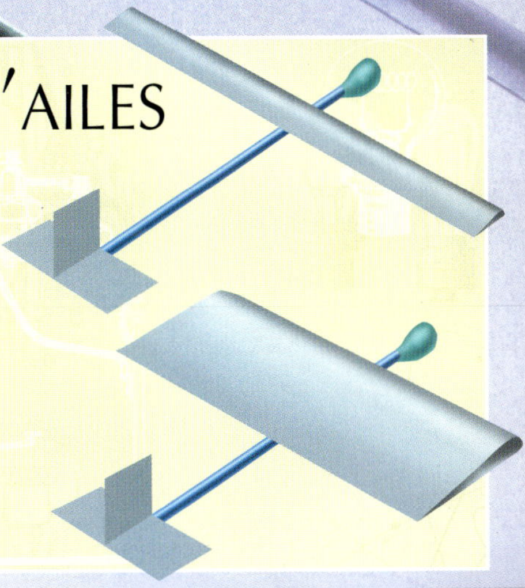

FAIS DÉCOLLER LE PLANEUR DE DIVERSES MANIÈRES : RAPIDEMENT, LENTEMENT, ORIENTÉ LÉGÈREMENT VERS LE HAUT OU EN VIRAGE INCLINÉ (PENCHÉ SUR UN CÔTÉ).

Maîtriser le vol

Les montgolfières flottent dans le courant d'air. Par contre, les avions peuvent changer de direction, s'élever dans les airs et plonger, puisqu'ils possèdent des panneaux mobiles sur leurs ailes et leur queue, qu'on appelle gouvernails.

La première machine volante équipée d'un moteur, entièrement maîtrisable et plus lourde que l'air (le premier avion) fut le Flyer, conçu en 1903 par les frères Wright.

Un planeur possède sur ses ailes des volets mobiles, ou ailerons, qui permettent d'incliner, de tourner et de faire virer l'appareil.

Projet : poser des ailerons au planeur

Ailerons

Il te faut

- du carton mince;
- de la colle ou du ruban adhésif;
- des ciseaux.

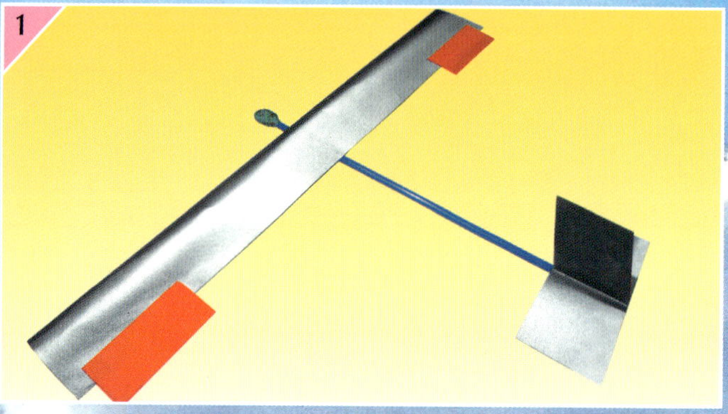

Colle des bandes de carton de la même taille aux extrémités inférieures arrière des ailes de ton planeur (voir page précédente).

Plie très légèrement vers le bas un des ailerons en carton et plie l'autre dans le sens contraire.

Monter ou descendre

Le braquage vers le bas des ailerons modifie la circulation d'air au-dessus de la surface portante et augmente la force de portance. De plus, l'air qui provient du dessous de l'aile exerce sur l'aileron une pression vers le haut. Ce qui a pour effet combiné de soulever la pointe de l'aile, permettant au planeur d'effectuer un virage incliné (sur le côté). Le contraire se produit pour l'aileron qui pointe vers le haut, alors que l'extrémité de l'aile descend.

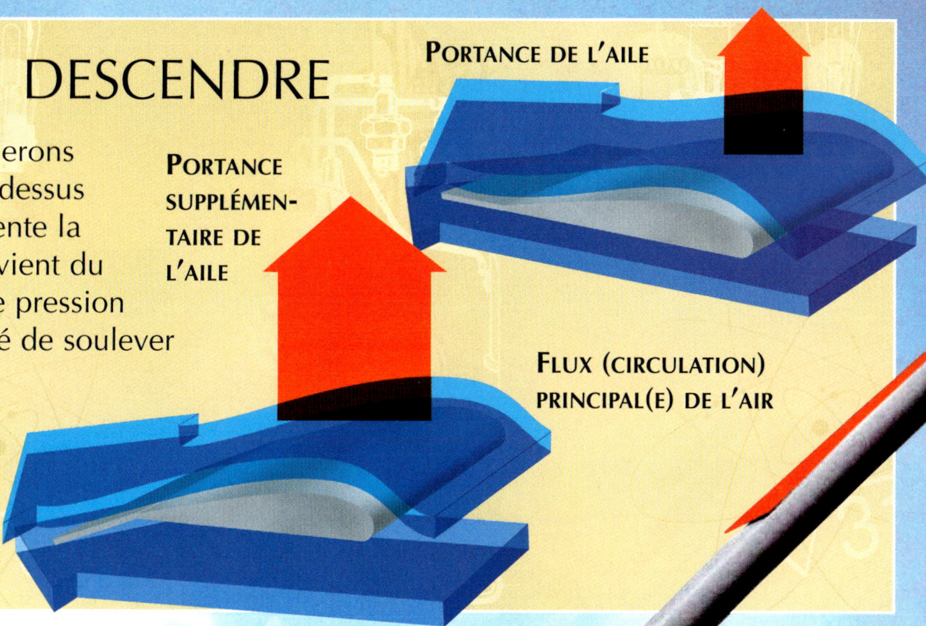

VIRAGE DU PLANEUR

Les ailerons servent de gouvernails à l'arrière des pointes d'ailes. Ils contrôlent la circulation de l'air, qui pousse une pointe d'aile vers le haut et l'autre légèrement vers le bas. Cela permet au planeur d'effectuer un virage vers la droite ou la gauche. Par conséquent, il aura tendance à voler sur une trajectoire courbe ou circulaire. Plus l'angle d'inclinaison des ailerons est grand, plus le virage et l'inclinaison de l'aéronef sont serrés.

Mieux maîtriser le vol

Colle une bande de carton à l'arrière de la pointe de l'aile (queue). Cette pièce s'appelle gouvernail.

Incline l'aileron vers le haut, du côté ou est incliné le gouvernail. Est-ce que le virage du planeur est plus serré ?

Rotation des ailes

Le déplacement vers l'avant des ailes d'un avion dans les airs crée une portance (voir page précédente). Faire tourner des pales génère une portance similaire, mais l'appareil n'a pas à se déplacer vers l'avant. On appelle cet aéronef l'hélicoptère.

Les rotors d'un hélicoptère sont en réalité de longues ailes minces qui tournent.

L'autogire possède plusieurs rotors sans moteurs qui tournent dans les airs en se déplaçant vers l'avant.

Projet : fabriquer un rotor à hélices

Rotor à hélices

Il te faut

- du papier ;
- une paille ;
- un goujon mince ;
- de la pâte à modeler ;
- de la colle ;
- du ruban adhésif ;
- des ciseaux.

Fabrique deux petites moitiés d'ailes (comme il est illustré aux pages 22-23). Colle-les à une paille et oriente-les en sens inverse.

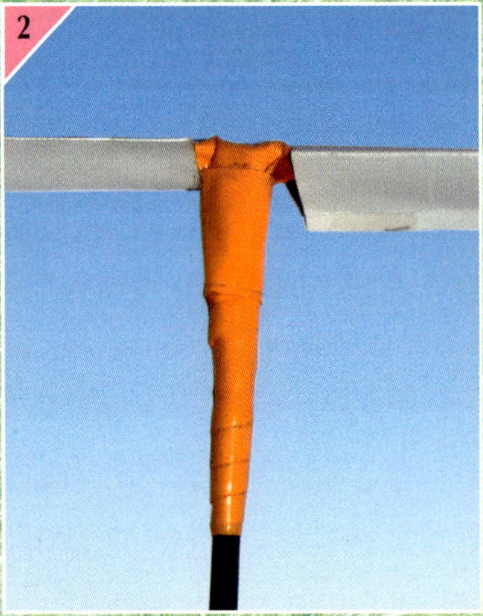

Fixe solidement avec du ruban adhésif le petit goujon au milieu de la paille.

Fixe un morceau de pâte à modeler à l'extrémité inférieure du goujon pour servir de contrepoids.

ROTOR TOURNANT

JOINS TES MAINS EN TENANT BIEN DROIT LE GOUJON DU ROTOR. FROTTE TES MAINS POUR FAIRE TOURNER LE ROTOR DANS LE SENS DES AIGUILLES D'UNE MONTRE. RELÂCHE LE ROTOR ET REGARDE-LE MONTER DANS LES AIRS !

TAILLE DES ROTORS

Fabrique des rotors longs et étroits ou d'autres plus larges et courts (voir page 23). Saisis-tu pourquoi les rotors d'un hélicoptère sont longs et minces ?

ROTORS QUI MONTENT RAPIDEMENT

Les pales du rotor à hélices s'appellent rotors puisqu'elles effectuent une rotation (tournent sur un axe). Leur surface portante se comporte de la même façon qu'avec les ailes normales d'un avion. Les pales produisent une force aérodynamique qui pousse le rotor à hélices vers le haut. Plus les pales du rotor tournent rapidement, plus la portance sera élevée ; ainsi, le rotor à hélices monte rapidement

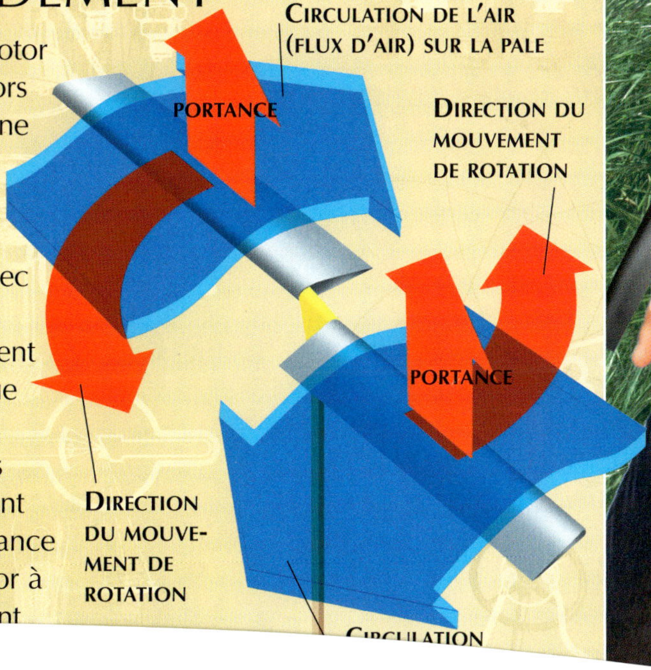

PUISSANCE DU VENT

Un parc éolien est un site regroupant plusieurs éoliennes.

On peut apercevoir les pales tourbillonnantes des éoliennes sur les versants des collines du monde entier. Ces machines transforment l'énergie cinétique de l'air qui circule (voir à la page 20) en électricité. Celles-ci constituent un pas dans la bonne direction dans la recherche de sources d'énergie non polluantes et renouvelables.

PROJET : FABRIQUER UNE ÉOLIENNE

ÉOLIENNE

IL TE FAUT

- une bouteille en plastique ;
- un tube en carton ;
- du carton mince ;
- des pailles ;
- du carton rigide ;
- des perles de collier ;
- des trombones ;
- du fil ;
- de la colle ;
- du ruban adhésif ;
- des ciseaux.

COLLE DEUX « MOITIÉS D'AILES » (VOIR PAGE 26) À UNE PAILLE. ORIENTE-LES DANS LA MÊME DIRECTION EN COURBANT LES FACES EN SENS INVERSE.

DÉPLIE UN TROMBONE, ENSUITE REPLIE-LE AU MILIEU. FORME UN « T » EN PLIANT SES EXTRÉMITÉS (VOIR PAGE 20). FIXE LES DEUX EXTRÉMITÉS AU MILIEU DE LA PAILLE OÙ SE TROUVENT LES MOITIÉS D'AILES, CES DERNIÈRES SERVANT DE PALES D'ÉOLIENNES. AU FOND DE LA BOUTEILLE, PERCE SOIGNEUSEMENT UN TROU D'UN DIAMÈTRE SUFFISANT POUR LAISSER PASSER UNE PAILLE, ET UN TROU À L'AUTRE EXTRÉMITÉ (BOUCHON). ENFONCE UNE LONGUE PAILLE À TRAVERS LES DEUX TROUS ET FIXE UNE PERLE DE COLLIER À CHAQUE BOUT. CETTE PAILLE SERVIRA D'ARBRE D'ENTRAÎNEMENT.

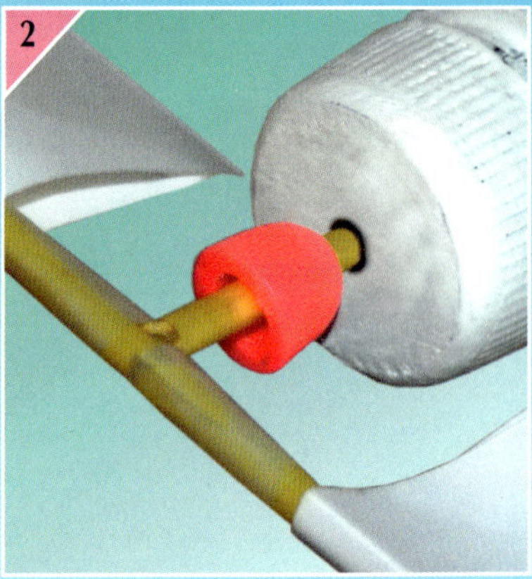

FIXE LES PALES À L'ARBRE D'ENTRAÎNEMENT EN RELIANT LA PARTIE CENTRALE DU TROMBONE À L'EXTRÉMITÉ DE LA PAILLE QUI DÉPASSE DU BOUCHON.

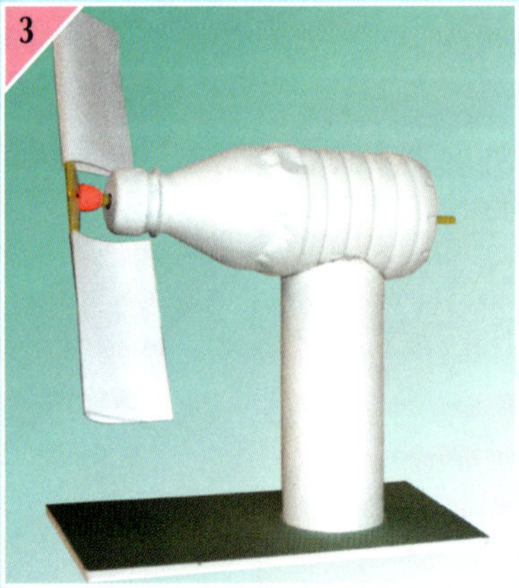

FABRIQUE UNE LONGUE TOUR CYLINDRIQUE ET UNE LARGE BASE AVEC DU CARTON RIGIDE. AJUSTE L'EXTRÉMITÉ SUPÉRIEURE DE LA TOUR AFIN D'INSÉRER ET DE COLLER LA BOUTEILLE EN PLASTIQUE

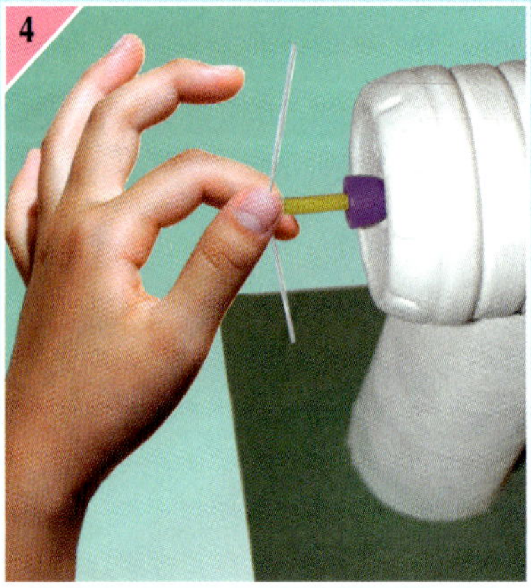

PRÉPARE UN AUTRE TROMBONE EN FORME DE « T ». FIXE-LE À L'AUTRE EXTRÉMITÉ DE L'ARBRE D'ENTRAÎNEMENT.

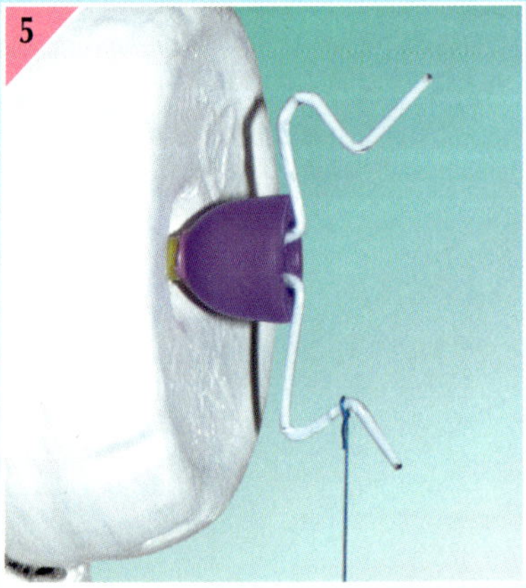

PLIE À NOUVEAU LES EXTRÉMITÉS DU TROMBONE POUR FORMER DES CROCHETS EN « V ». ATTACHE UN BOUT DE FIL À UN CROCHET ET L'AUTRE À LA PERLE DE COLLIER

VENT AU TRAVAIL

Les hélices de l'éolienne se comportent comme les ailes d'un avion : les deux génèrent une portance sur leur surface courbe. En réalité, cette force de portance ne soulève pas la pale. Elle la fait virevolter et fait tourner l'arbre d'entraînement. Les deux pales de rotor agissent en tandem en raison de leurs surfaces incurvées en sens inverse. Par conséquent, leurs forces de portances respectives vont dans le même sens.

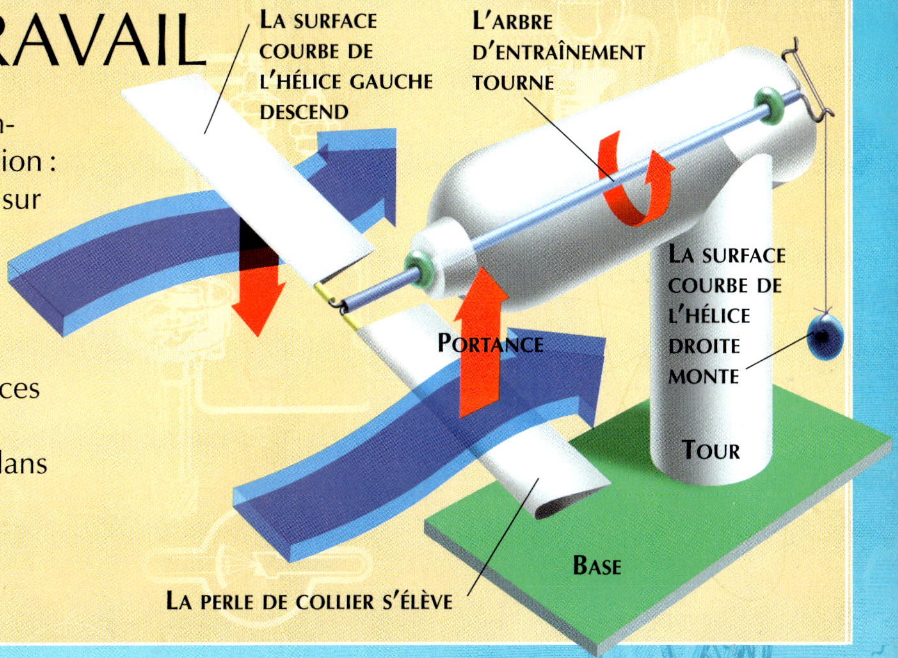

VENT TOURBILLONNANT

Installe l'éolienne dans un endroit particulièrement venteux ou dirige l'air d'un ventilateur vers les pales. Si nécessaire, place un contrepoids sur la base pour stabiliser l'éolienne. Les pales se mettent à tourbillonner et font tourner l'arbre d'entraînement. Ainsi, le fil de coton s'enroule autour du crochet en « V » et fait monter la perle de collier. L'énergie du vent se transforme en mouvement de rotation qui soulève la perle de collier.

Inclinaison des pales

Construis si possible un autre ensemble de rotors, mais fixe-les cette fois à la paille en les inclinant comme les pales d'un ventilateur. Cette sorte d'éolienne est-elle plus puissante ?

EST-IL IMPORTANT QUE LA SURFACE PORTANTE DE CHAQUE ROTOR INCLINÉ SOIT COURBÉE VERS L'AVANT OU BIEN QU'ELLE RESTE DROITE ?

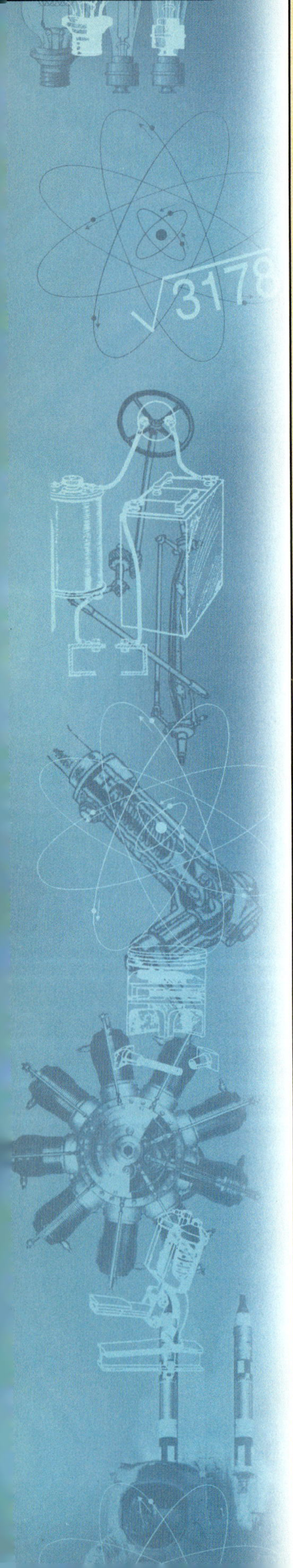

HISTORIQUE

Vers l'an 520 av. J.-C., Anaximène, savant et penseur de la Grèce antique, avança l'hypothèse que l'air consistait en une « substance primaire » pouvant être transformée en d'autres éléments et matériaux.

En 335 av. J.-C., Aristote expliqua que l'air constituait l'un des quatre « éléments » d'où proviennent toutes les autres substances ; les autres éléments étant le feu, l'eau et la terre. Cette théorie fut acceptée comme telle durant presque 2000 ans.

En 1620, Jan Baptist Van Helmont soupçonna que l'air n'était pas un élément pur, mais un mélange de diverses substances qu'il baptisa « gaz ».

En 1643, Evangelista Torricelli créa une version primitive du baromètre et affirma que l'air constituait une substance réelle qui avait un poids.

En 1674, John Mayow rapporta qu'une bougie placée dans un bocal scellé utilisait une partie de l'air en brûlant et qu'on constatait le même résultat pour une souris dans les mêmes conditions.

En 1772, Karl Scheele et certains autres scientifiques ont découvert que l'air contenait un gaz appelé nitrogène.

En 1774, Joseph Priestley fit la découvrit un gaz qui permettait à une bougie de briller plus fortement. Il en discuta avec Antoine Laurent Lavoisier, son collègue, ce dernier ayant constaté que l'air était constitué d'une partie d'oxygène, qui alimente la flamme, et de quatre parties d'azote (aucune vie).

En 1783, Joseph-Michel et Jacques-Étienne Montgolfier conçurent le premier ballon à air chaud. La même année, Jean-François Pilâtre de Rozier et François Laurent (Marquis d'Arlandes) effectuèrent le premier voyage à bord d'un ballon à air chaud (montgolfière).

En 1884, sir James Dewar démontra que l'air pouvait être transformé en liquide, en poursuivant les recherches effectuées par Zygmunt Wróblewski et Karol Olszewski.

Dans les années 1890, William Ramsay démontra que l'air contenait des quantités infimes d'autres gaz. Ces gaz rares sont l'argon, l'hélium, le krypton, le xénon, le néon et le radon.

En 1903, Orville Wright effectua le premier véritable vol de l'histoire à bord du Flyer, conçu par lui-même et par son frère Wilbur.

En 1985, les savants ont mesuré pour la première fois la perte de l'ozone (O_3), une forme d'oxygène présente dans l'air, résultant du phénomène du « trou de la couche d'ozone », qui permet aux radiations nocives du soleil de traverser les couches de l'atmosphère.

GLOSSAIRE

Anémomètre : instrument qui mesure la vitesse du vent.

Atmosphère : couche d'air autour de la Terre qui diminue en densité à mesure qu'on s'élève.

Atome : particule la plus petite d'un élément chimique.

Baromètre : instrument servant à mesurer la pression atmosphérique.

Densité : quantité de matière présente dans une substance, mesurée en tant que masse.

Énergie cinétique : énergie qu'un corps ou une substance acquiert par son mouvement.

Fluide : substance qui s'écoule, incluant les liquides tels que l'eau et les gaz.

Gaz : substance qui s'écoule et qui prend le volume entier d'un contenant.

Girouette : large surface métallique qui pivote librement sur une tige pour indiquer la direction du vent.

Isobare : ligne sur une carte météorologique qui correspond aux endroits d'égale pression barométrique.

Météorologie : étude des phénomènes atmosphériques, principalement dans le but d'établir des prévisions d'état du temps.

Molécules : deux ou plusieurs atomes réunis formant la plus petite quantité de la plupart des matériaux ou substances usuels.

Portance (traînée) : force générée par la surface portante d'une aile, qui permet à un avion de s'élever dans les airs.

Pression : pression exercée par l'atmosphère en vertu de son poids sur une surface donnée.

Résistance au vent : force qui s'oppose au mouvement d'un corps dans un fluide.

Résistance : force qui s'oppose au mouvement d'un corps dans un fluide, par exemple l'air qui s'oppose au déplacement d'un véhicule.

Thermomètre : instrument de mesure de la température ou de l'énergie thermique d'une substance ou d'un corps.

INDEX